Impressum
Verlag: BABADADA GmbH, Nedderfeld 112 , 22529 Hamburg
Geschäftsführer / Verlagsleitung: Harald Hof
Druck: Books on Demand GmbH, In de Tarpen 42, 22848 Norderstedt

Imprint
Publisher: BABADADA GmbH, Nedderfeld 112 , 22529 Hamburg, Germany
Managing Director / Publishing direction: Harald Hof
Print: Books on Demand GmbH, In de Tarpen 42, 22848 Norderstedt

el colegio
escola

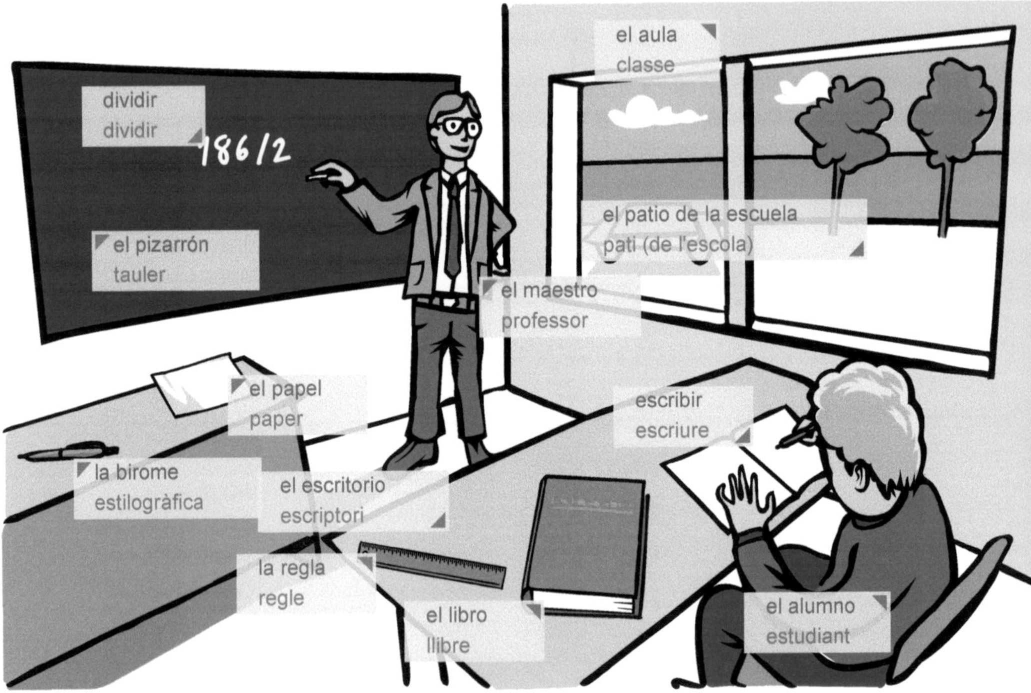
el aula
classe
dividir
dividir
186/2
el pizarrón
tauler
el patio de la escuela
pati (de l'escola)
el maestro
professor
el papel
paper
escribir
escriure
la birome
estilogràfica
el escritorio
escriptori
la regla
regle
el libro
llibre
el alumno
estudiant

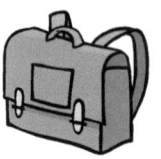

la mochila
bossa

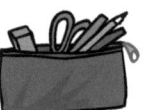

la caja de lápices
estoig

el lápiz
llapis

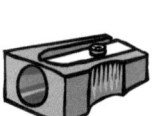

el sacapuntas
maquineta de fer punta

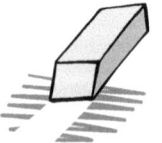

la goma (de borrar)
goma

el bloc de dibujo
bloc de dibuix

el dibujo
dibuix

el pincel
pinzell

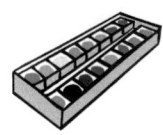

la caja de pinturas
capsa de pintures

la tijera
tisores

el pegamento
cola

el cuaderno de ejercicios
quadern d'exercicis

la tarea
deures

el número
nombre

sumar
afegir

restar
sostreure

multiplicar
multiplicar

calcular
calcular

la letra
lletra

el abecedario
alfabet

la palabra
mot

el texto

text

leer

llegir

la tiza

guix

la lección

lliçó

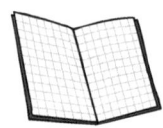

el cuaderno de clase

llibre de classe

el examen

examen

el certificado

certificat

el uniforme escolar

uniforme escolar

la educación

formació

la enciclopedia

enciclopèdia

la universidad

universitat

el microscopio

microscopi

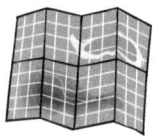

el mapa

mapa

el tacho (de basura)

paperera

el viaje
viatge

el hotel
hotel
Grand
el hostel
alberg
ROOMS
la casa de cambio
oficina de canvi
la valija
maleta
el auto
automòbil

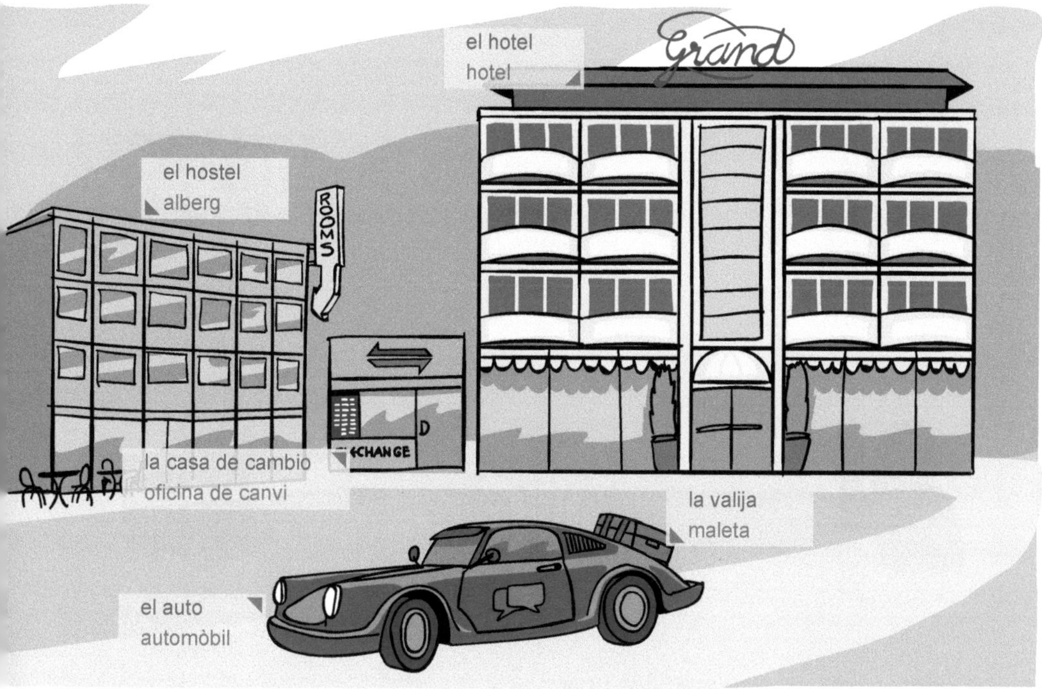

el idioma
llengua

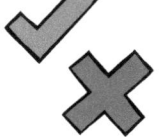

sí / no
sí / no

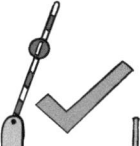

Está bien
D'acord

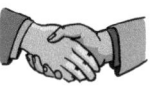

hola
Ey!

el traductor
traductora

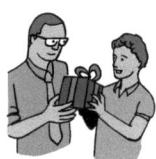

Gracias
gràcies

¿cuánto cuesta…?

Quant costa… ?

No entiendo

No entenc

el problema

problema

¡Buenas tardes!

Bona nit!

¡Buenos días!

bon dia!

¡Buenas noches!

bona nit!

el adiós

fins aviat

la dirección

direcció

el equipaje

bagatge

el bolso

bossa

la mochila

sarrona

el invitado

convidat

la habitación

cambra

la bolsa de dormir

sac de dormir

la carpa

tenda

la información turística

oficina de turisme

la playa

platja

la tarjeta de crédito

carta de crèdit

el desayuno

esmorzar

el almuerzo

dinar

la cena

sopar

el pasaje

bitllet

el ascensor

ascensor

el sello

segell

la frontera

frontera

la aduana

duana

la embajada

ambaixada

la visa

visat

el pasaporte

passaport

el transporte
transport

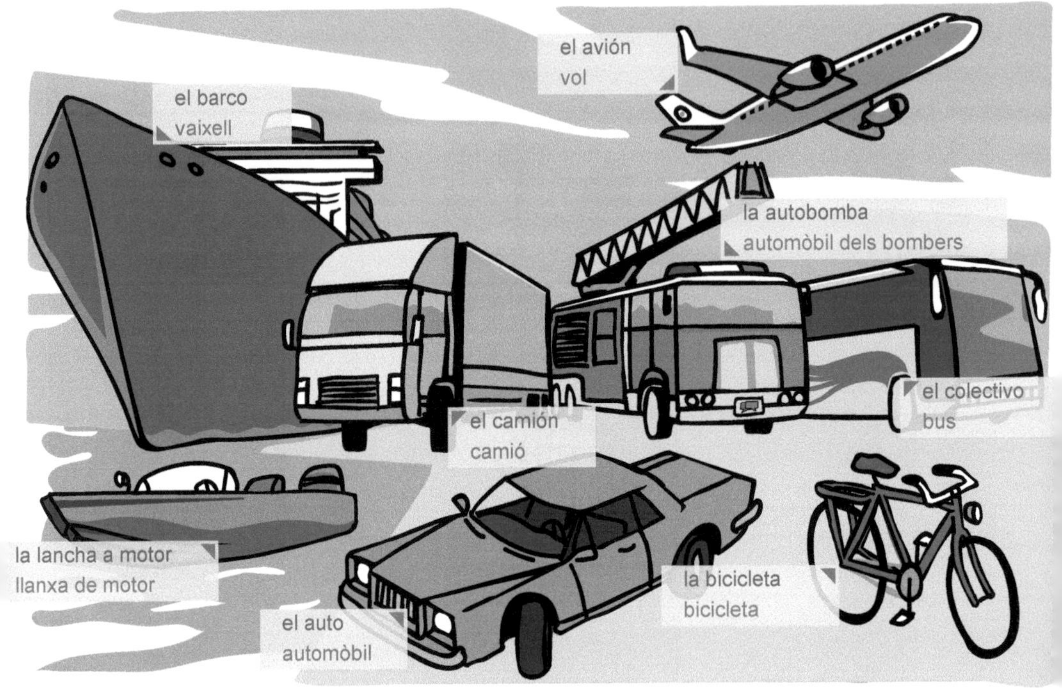

el avión
vol
el barco
vaixell
la autobomba
automòbil dels bombers
el colectivo
bus
el camión
camió
la lancha a motor
llanxa de motor
la bicicleta
bicicleta
el auto
automòbil

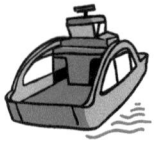

el ferry

transbordador

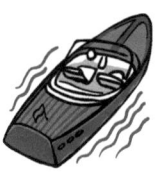

el bote

barca

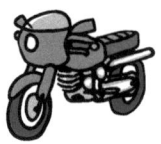

la moto

moto

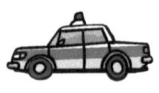

el patrullero

automòbil de policia

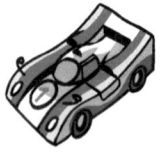

el auto de carreras

automòbil de curses

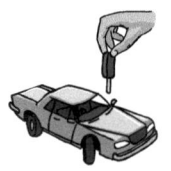

el auto de alquiler

automòbil de lloguer

el alquiler de autos

vehicle compartit

la grúa

grua

el camión de la basura

camió de les escombraries

el motor

motor

la nafta

benzina

la estación de servicio

benzineria

la señal de tránsito

senyal de trànsit

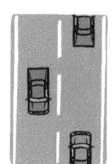

el tránsito

trànsit

el embotellamiento

embús

el estacionamiento

aparcament

la estación de tren

estació de trens

las vías

vies

el tren

tren

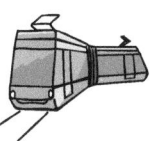

el tranvía

tramvia

el vagón

vagó

el helicóptero

helicòpter

el aeropuerto

aeroport

la torre

torre

el pasajero

passatger

el contenedor

contenidor

la caja de cartón

capsa de cartó

la carretilla

carretó

la canasta

cistella

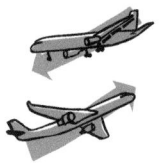

despegar / aterrizar

enlairar-se / aterrar

la ciudad

ciutat

el pueblo

poble

el centro de la ciudad

centre de la ciutat

la casa

casa

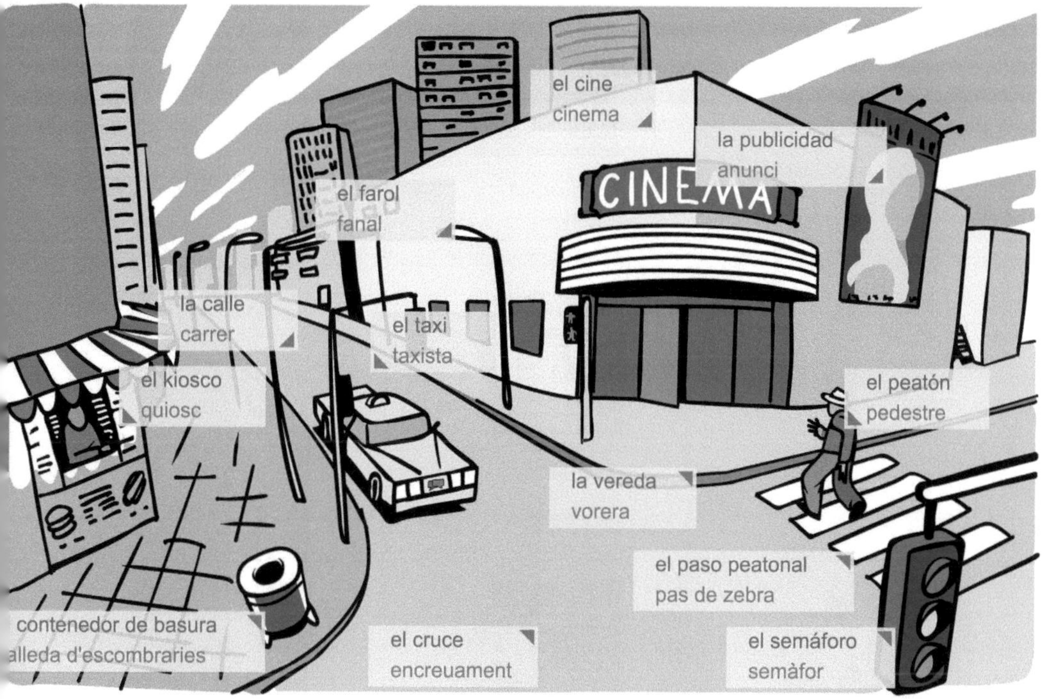

el cine
cinema

la publicidad
anunci

el farol
fanal

CINEMA

la calle
carrer

el taxi
taxista

el kiosco
quiosc

el peatón
pedestre

la vereda
vorera

el paso peatonal
pas de zebra

contenedor de basura
galleda d'escombraries

el cruce
encreuament

el semáforo
semàfor

la cabaña
cabana

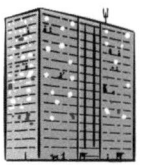

el departamento
apartament

la estación de tren
estació de trens

la municipalidad
casa de la vila-ciutat

el museo
museu

el colegio
escola

la ciudad - ciutat

la universidad

universitat

el banco

banca

el hospital

hospital

el hotel

hotel

la farmacia

farmàcia

la oficina

oficina

la librería

llibreria

el negocio

botiga

la florería

floristeria

el supermercado

supermercat

el mercado

mercat

las grandes tiendas

gran magatzem

la pescadería

peixateria

el centro comercial

centre comercial

el puerto

port

el parque

parc

el banco

banc

el puente

pont

las escaleras

escala

el subte

metro

el túnel

túnel

la parada del colectivo

parada d'autobús

el bar

bar

el restaurante

restaurant

el buzón

bústia de correu

el letrero

senyal indicador

el parquímetro

parquímetre

el zoológico

zoo

la pileta

piscina

la mezquita

mesquita

la ciudad - ciutat

la granja

granja

la contaminación

pol·lució

el cementerio

cementiri

la iglesia

església

los juegos infantiles

parc infantil

el templo

temple

el paisaje
paisatge

la hoja
fulla

el poste indicador
cartell indicador

el camino
camí

la pradera
prat

la piedra
pedra

el árbol
arbre

el excursionista
excursionista

el río
riu

la hierba
gespa

la flor
flor

el valle

vall

la montaña

muntanya

el lago

llac

el bosque

bosc

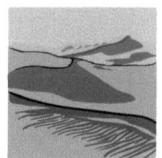

el desierto

desert

el volcán

volcà

el castillo

castell

el arco iris

arc de Sant Martí

el champiñón

bolet

la palmera

palmera

el mosquito

moscard

la mosca

mosca

la hormiga

formiga

la abeja

abella

la araña

aranya

el escarabajo

escarabat

la rana

granota

la ardilla

esquirol

el erizo

eriçó

la liebre

llebre

la lechuza

òliba

el pájaro

ocell

el cisne

cigne

el jabalí

senglar

el ciervo

cervo

el alce

ant

la presa

presa

el aerogenerador

turbina

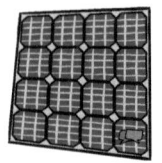

el panel solar

panell solar

el clima

clima

16

el paisaje - paisatge

el mozo
cambrer

el menú
menú

la silla
cadira

la sopa
sopa

la pizza
pizza

los cubiertos
coberts

el mantel
tovalla

la entrada
primer plat

el plato principal
plat principal

el postre
darreries

las bebidas
begudes

la comida
menjar

la botella
ampolla

la comida rápida

menjar ràpid

la comida callejera

menjar de carrer

la tetera

tetera

la azucarera

sucrer

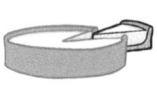

la porción

porció

la cafetera expreso

màquina d'espresso

la sillita alta

trona

la cuenta

factura

la bandeja

plata

el cuchillo

ganivet

el tenedor

forqueta

la cuchara

cullera

la cucharita

cullereta

la servilleta

tovalló

el vaso

got

el plato

plat

el plato hondo

plat de sopa

el plato

plateret

la salsa

salsa

el salero

saler

el molinillo de pimienta

molinet de pebre

el vinagre

vinagre

el aceite

oli

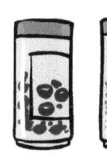

las especias

espècies

el kétchup

quètxup

la mostaza

mostassa

la mayonesa

maionesa

el supermercado
supermercat

la oferta especial
oferta especial
FOR
el cliente
client
los lácteos
productes lactis
la fruta
fruites
el changuito
carret de la compra

BUTCHERS

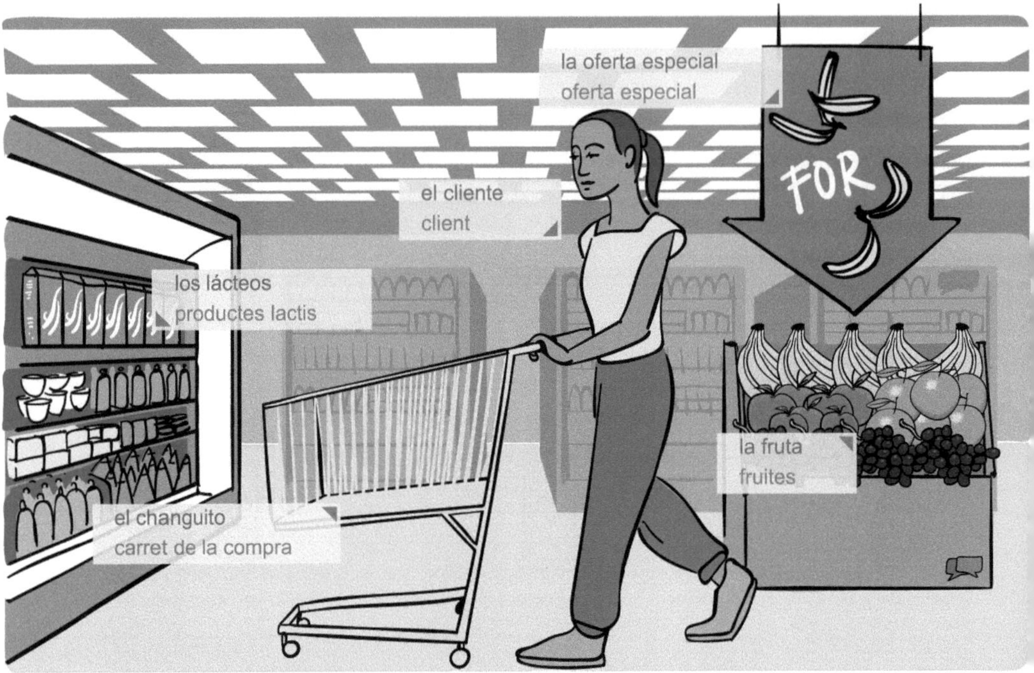

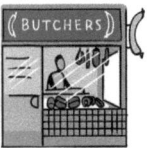

la carnicería

carnisseria

BAKERY

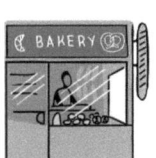

la panadería

forn de pa

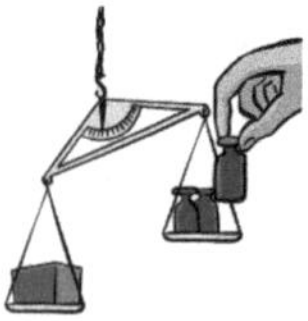

pesar

pesar

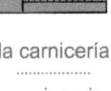

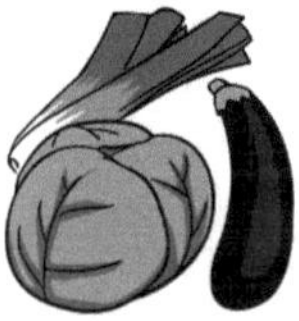

las verduras

verdures

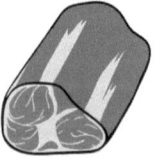

la carne

carn

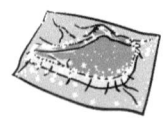

los alimentos congelados

menjar congelat

los fiambres

carn freda

los alimentos enlatados

conserves

el detergente en polvo

detergent en pols

las golosinas

dolços

los electrodomésticos

articles domèstics

los productos de limpieza

productes de neteja

la vendedora

venedora

la caja

caixa registradora

el cajero

caixera

la lista de compras

llista de la compra

el horario de atención

horari d'obertura

la billetera

portamonedes

la tarjeta de crédito

carta de crèdit

la cartera

bossa

la bolsa de plástico

bossa de plàstic

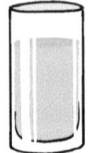

el agua

aigua

el jugo

suc

la leche

llet

la bebida cola

coca-cola

el vino

vi

la cerveza

cervesa

el alcohol

alcohol

el cacao

cacau

el té

te

el café

cafè

el café expreso

espresso

el cappuccino

cappuccino

la banana

banana

la manzana

poma

la naranja

taronja

el melón

síndria

el limón

llimona

la zanahoria

pastanaga

el ajo

all

el bambú

bambú

la cebolla

ceba

el champiñón

bolet

las nueces

avellanes

los fideos

fideus

los tallarines

espaguetis

el arroz

arròs

la ensalada

amanida

las papas fritas

patates fregides

las papas fritas

patates fregides

la pizza

pizza

la hamburguesa

hamburguesa

el sándwich

entrepà

el churrasco

escalopa

el jamón

cuixot

el salame

salami

la salchicha

salsitxa

el pollo

pollastre

el asado

rostit

el pescado

peix

la comida - menjar

los copos de avena

flocs de civada

el muesli

musli

los copos de maíz

cereals

la harina

farina

la medialuna

croissant

el pancito

panet

el pan

pa

la tostada

torrada

las galletitas

bescuits

la manteca

mantega

la cuajada

mató

la torta

pastís

el huevo

ou

el huevo frito

ou fregit

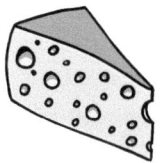

el queso

formatge

el helado

gelat

el azúcar

sucre

la miel

mel

la mermelada

melmelada

la pasta de chocolate

crema de xocolata

el curry

curri

la granja
granja

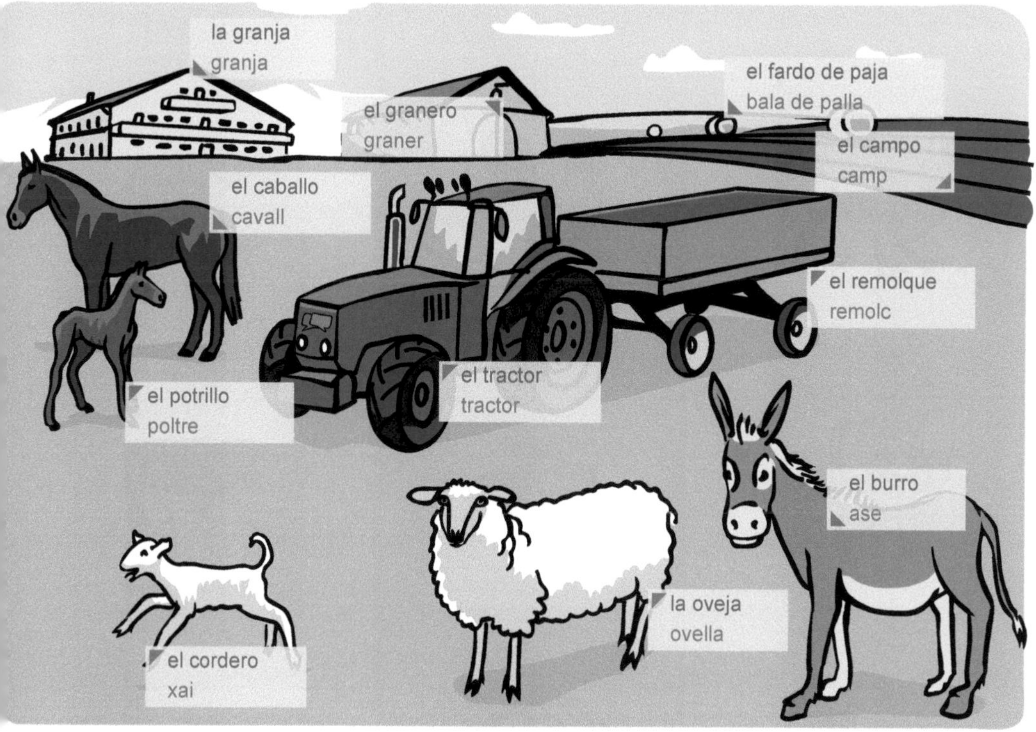
la granja
granja
el granero
graner
el fardo de paja
bala de palla
el campo
camp
el caballo
cavall
el remolque
remolc
el tractor
tractor
el potrillo
poltre
el burro
ase
la oveja
ovella
el cordero
xai

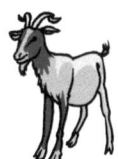

la cabra
cabra

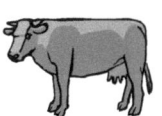

la vaca
vaca

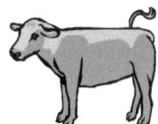

el ternero
vedella

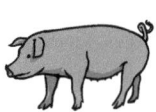

el cerdo
porc

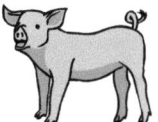

el lechón
garrí

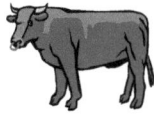

el toro
bou

el ganso
oca

el pato
ànec

el pollo
poll

la gallina
gall

el gallo
gallina

la rata
rata

el gato
gat

el ratón
ratolí

el buey
bou

el perro
gos

la cucha
gossera

la manguera
mànega de regar

la regadera
regadora

la guadaña
dalla

el arado
arada

la hoz
falç

la azada
aixada

la horquilla
forca

el hacha
destral

la carretilla
carretó

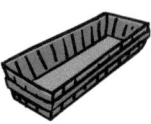

el abrevadero
abeurador

la lechera
lletera

la bolsa
sac

la reja
tanca

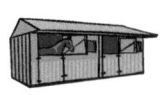

el establo
establa

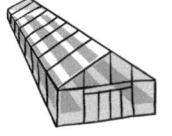

el invernadero
hivernacle

el suelo
sòl

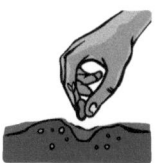

la semilla
llavor

el fertilizador
adob

la cosechadora
collidora

cosechar

collir

la cosecha

collita

las batatas

nyam

el trigo

blat

la soja

soja

la papa

patata

el maíz

blat de moro o d'indi

la semilla de colza

colza

el árbol frutal

arbre fruiter

la mandioca

mandioca

los cereales

cereals

la casa
casa

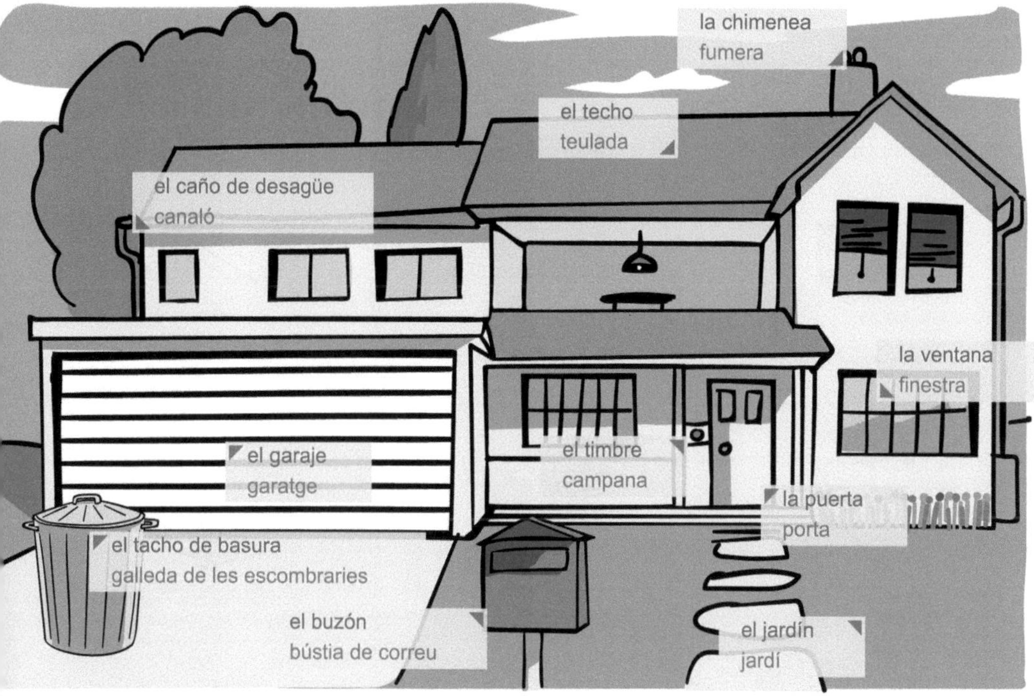

la chimenea
fumera
el techo
teulada
el caño de desagüe
canaló
la ventana
finestra
el garaje
garatge
el timbre
campana
la puerta
porta
el tacho de basura
galleda de les escombraries
el buzón
bústia de correu
el jardín
jardí

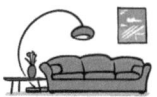

el living

sala d'estar

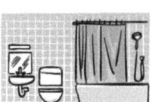

el baño

bany

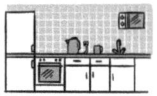

la cocina

cuina

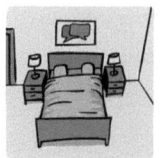

el dormitorio

cambra de dormir

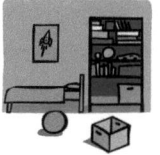

el cuarto de los chicos

cambra de nen

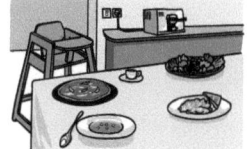

el comedor

menjador

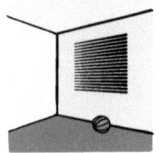

el piso

sòl

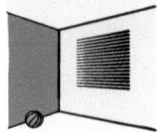

la pared

paret

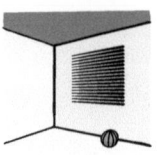

el cielorraso

sostre

el sótano

soterrani

el sauna

sauna

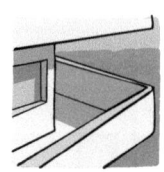

el balcón

balcó

la terraza

terrassa

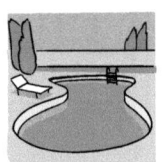

la pileta

piscina

la cortadora de pasto

tallagespa

la sábana

vànova

el acolchado

cobrellit

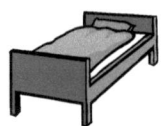

la cama

llit

la escoba

escombra

el balde

galleda

el interruptor

interruptor

el living
sala d'estar

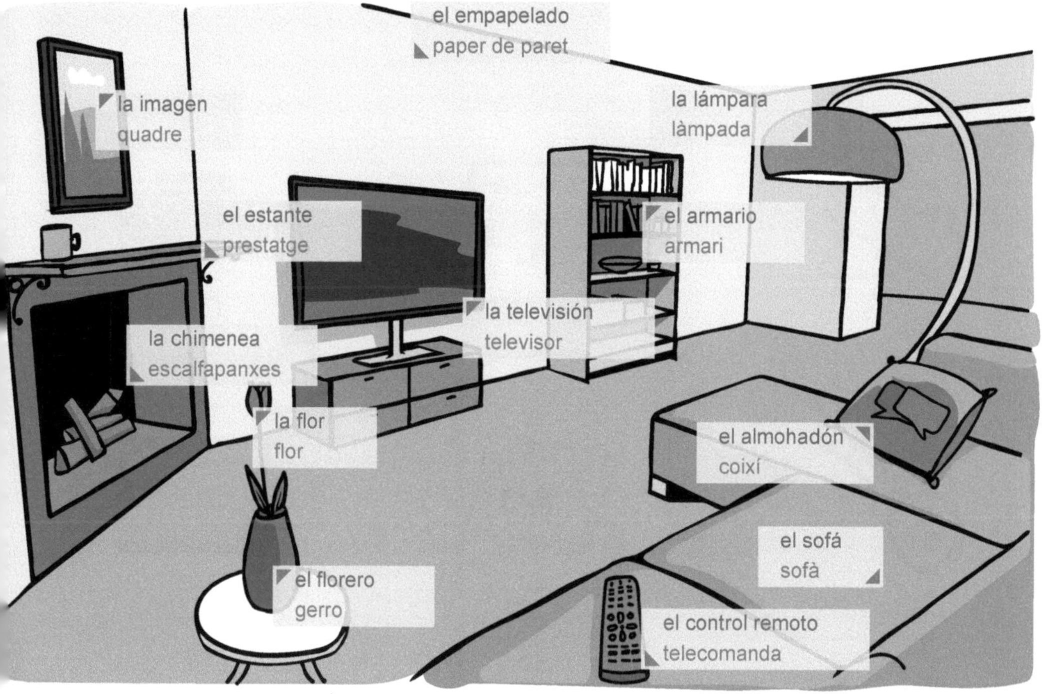
el empapelado
paper de paret
la imagen
quadre
la lámpara
làmpada
el estante
prestatge
el armario
armari
la televisión
televisor
la chimenea
escalfapanxes
la flor
flor
el almohadón
coixí
el sofá
sofà
el florero
gerro
el control remoto
telecomanda

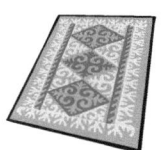

la alfombra

catifa

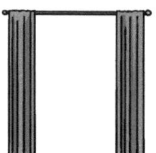

la cortina

cortina

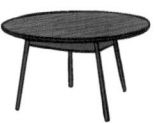

la mesa

taula

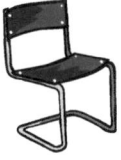

la silla

cadira

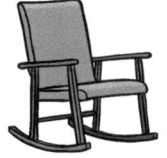

la mecedora

cadira gronxadora

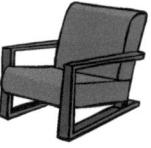

el sillón

cadiral

el libro

llibre

la frazada

llençol

la decoración

decoració

la leña

llenya

la película

film

el equipo de música

cadena de música

la llave

clau

el diario

diari

la pintura

pintura

el póster

cartell

la radio

ràdio

el cuaderno

bloc de notes

la aspiradora

aspiradora

el cactus

cactus

la vela

candela

la cocina
cuina

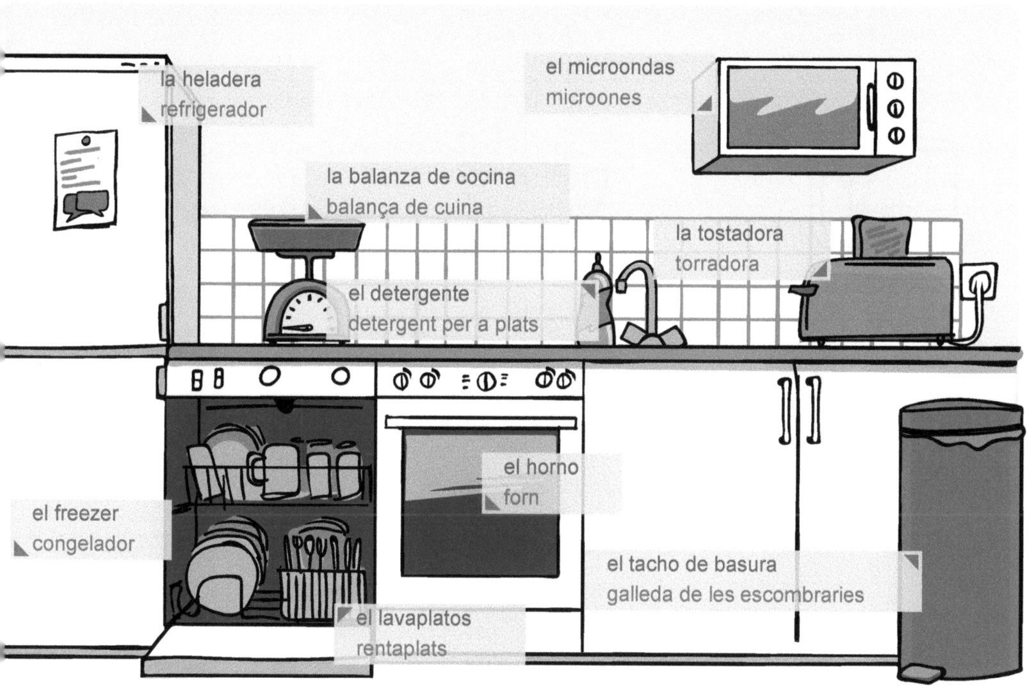
la heladera
refrigerador
el microondas
microones
la balanza de cocina
balança de cuina
la tostadora
torradora
el detergente
detergent per a plats
el horno
forn
el freezer
congelador
el tacho de basura
galleda de les escombraries
el lavaplatos
rentaplats

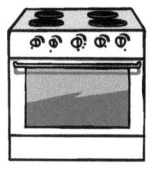

la cocina

cuina de fogons

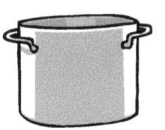

la olla

olla

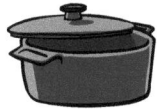

la olla de hierro fundido

olla de ferro colat

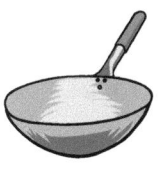

el wok

wok / karahi

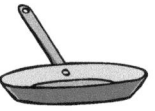

la sartén

paella

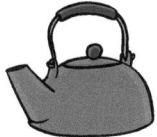

la pava

bullidor

la vaporera

olla de vapor

la bandeja de horno

plata de forn

la vajilla

vaixella

la taza

tassa grossa

el bol

bol

los palitos

bastonets xinesos

el cucharón

culler

la espátula

espàtula

la batidora

batedor

el colador

colador

el colador

sedàs

el rallador

ratllador

el mortero

morter

la parrilla

barbacoa

la fogata

foc a terra

la tabla de picar

taula de tallar

el palo de amasar

corró

el sacacorchos

llevataps

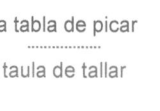

la lata

pot de conserva

el abrelatas

obridor

la manopla

agafador

la pileta

aigüera

el cepillo

raspall

la esponja

esponja

la batidora

batedora

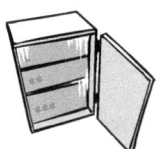

el congelador

congelador

la mamadera

biberó

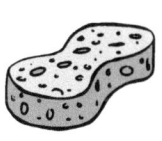

la canilla

aixeta

el baño

bany

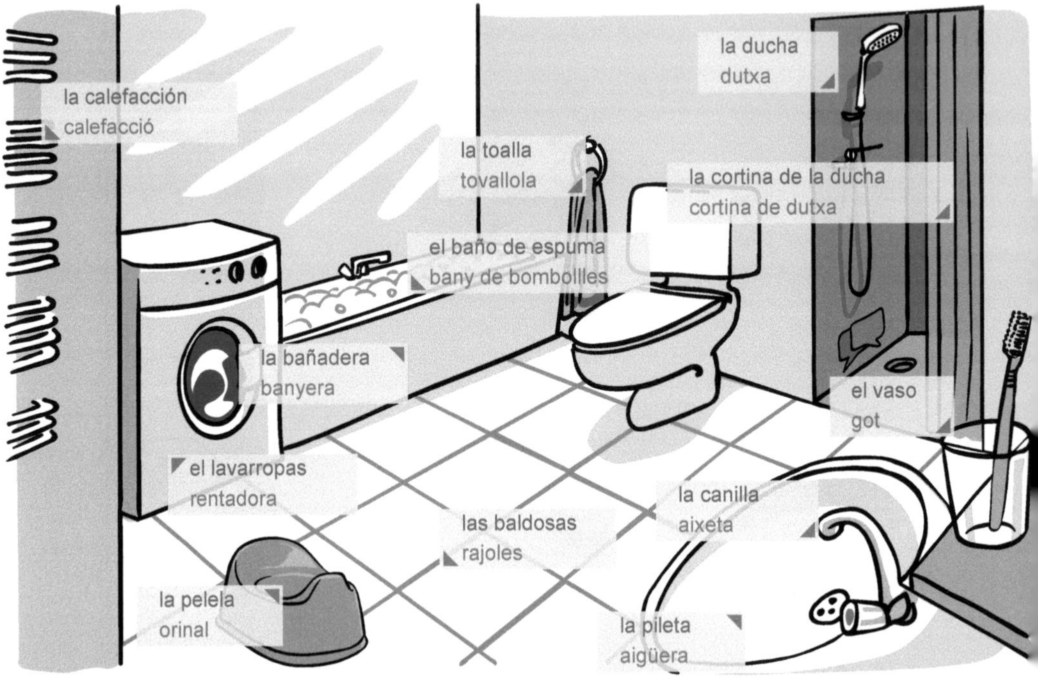

la calefacción
calefacció
la toalla
tovallola
la ducha
dutxa
la cortina de la ducha
cortina de dutxa
el baño de espuma
bany de bombolles
la bañadera
banyera
el vaso
got
el lavarropas
rentadora
la canilla
aixeta
las baldosas
rajoles
la pelela
orinal
la pileta
aigüera

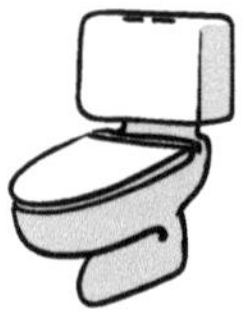

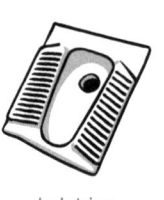

el inodoro

lavabo

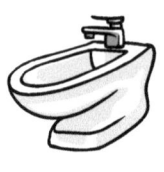

la letrina

lavabo turc

el bidé

bidet

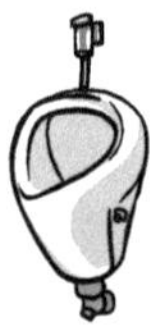

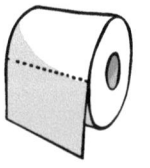

el mingitorio

orinador

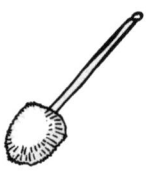

el papel higiénico

paper higiènic

el cepillo para el inodoro

escombreta de sanitari

el cepillo de dientes

raspall de dents

el dentífrico

pasta de dents

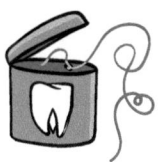

el hilo dental

fil dental

lavar

rentar

la ducha de mano

pom de dutxa

la ducha higiénica

dutxa íntima

la palangana

rentamans

el cepillo para la espalda

raspall per a l'esquena

el jabón

sabó

el gel de ducha

gel de dutxa

el shampoo

xampú

la toallita

manyopla de bany

el desagüe

bonera

la crema

crema

el desodorante

desodorant

el espejo

mirall

el espejito

mirall-espill de mà

la maquinita de afeitar

maquineta de rasar

la espuma de afeitar

espuma de barbejar

el aftershave

loció post-rasada

el peine

pinta

el cepillo

raspall

el secador de pelo

eixugador

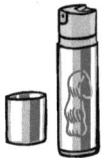

el spray

laca

el maquillaje

maquillatge

el lápiz de labios

pintallavis

el esmalte para uñas

esmalt d'ungles

el algodón

cotó

la tijera para uñas

tallaungles

el perfume

perfum

el portacosméticos

estoig de bellesa

la banqueta

tamboret

la balanza

bàscula

la bata

barnús

los guantes de goma

guants de goma

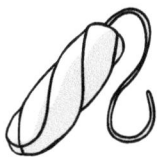

el tampón

compresa higiènica

la toallita femenina

compresa

el baño químico

sanitari químic

el cuarto de los chicos
cambra de nen

el despertador
despertador
el peluche
animal de peluix
el coche de juguete
auto de joguina
el sonajero
sonall
la casa de muñecas
casa de nines
el regalo
present

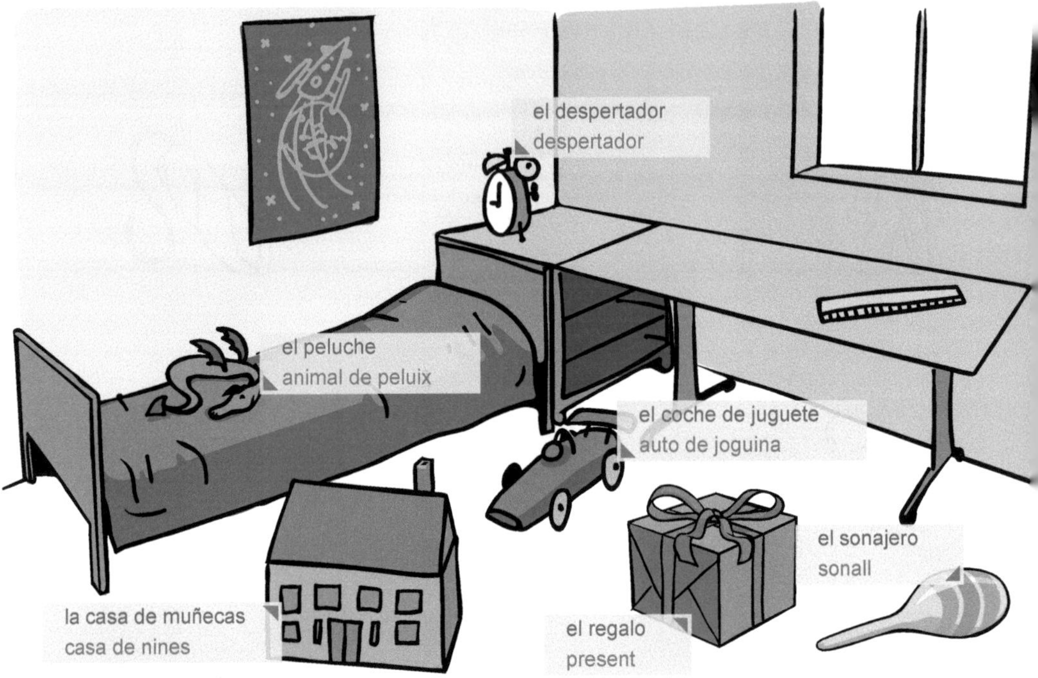

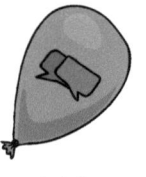

el globo
baló

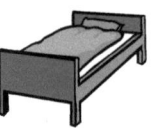

la cama
llit

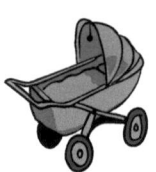

el cochecito
cotxet per a nens

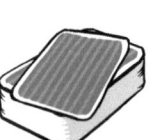

las cartas
joc de cartes

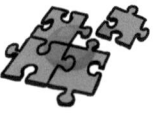

el rompecabezas
trencaclosca

SUPER
MEGA

la historieta
historieta

las piezas de lego

peces de lego

los ladrillos de juguete

peces de construcció

la figura de acción

ninot d'acció

el enterito (de bebé)

granota

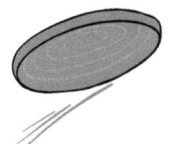

el frisbee

frisbee

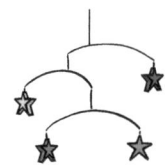

el móvil para bebés

mòbil per a bressol

el juego de mesa

joc de taula

los dados

daus

el tren eléctrico

tren elèctric

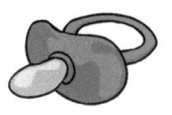

el chupete

xumet

la fiesta

festa

el libro de cuentos ilustrado

llibre de dibuixos

la pelota

pilota

la muñeca

nina

jugar

jugar

el arenero

sorrera

la hamaca

gronxador

los juguetes

joguines

la consola de videojuegos

consola de jocs de vídeo

el triciclo

tricicle

el osito de peluche

osset de peluix

el armario

armari

la ropa

roba

las medias

mitjons

las medias panty

mitges

las calzas

mitja pantaló

la bufanda
tapacoll

el paraguas
paraigua

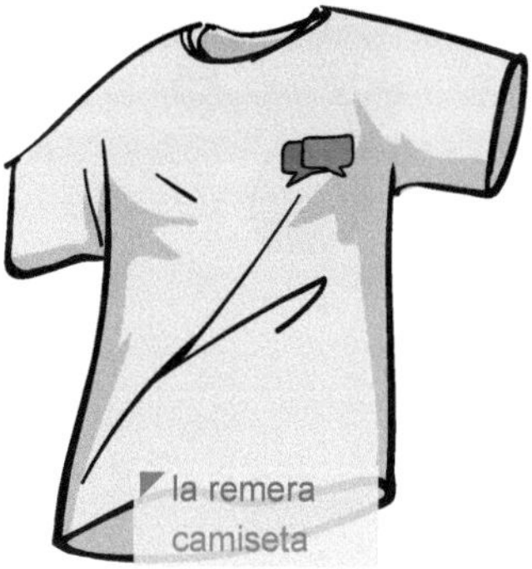

la remera
camiseta

el cinturón
cintura

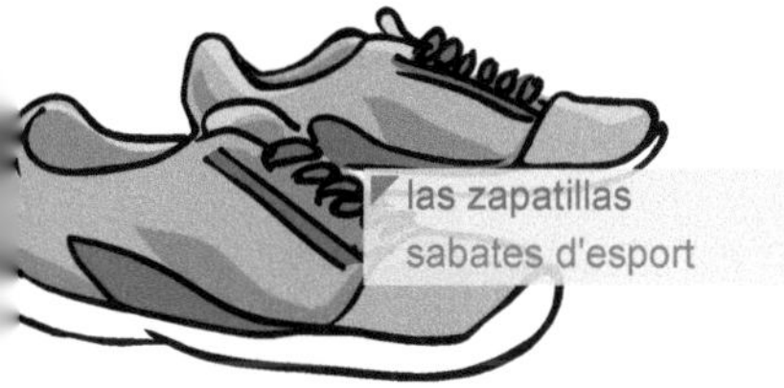

la remera
camiseta

las zapatillas
sabates d'esport

las botas
botes

las pantuflas
plantofes

las sandalias
sandàlies

los zapatos
sabates

las botas de goma
botes de goma

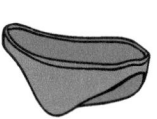
la ropa interior
calçonets

el corpiño
sostenidor

el chaleco
guardapits

la ropa - roba   45

el body

jjustacòs

los pantalones

pantalons

los jeans

jeans

la pollera

faldeta

la blusa

brusa

la camisa

camisa

el pulóver

jersei

el buzo

dessuadora

el blazer

blazer

la campera

jaqueta

el tapado

mantell

el piloto

impermeable

el traje

vestit de dona

el vestido

vestit de dona

el vestido de novia

vestit de núvia

el traje

vestit d'home

el camisón

camisa de dormir

el pijama

pijama

el sari

sari

el pañuelo para la cabeza

mocador de cap

el turbante

turbant

la burka

burca

el caftán

caftan

la abaya

abaia

el traje de baño

vestit de bany

el short de baño

calçon(et)s de bany

los shorts

pantalons curts

el jogging

xandall

el delantal

davantal

los guantes

guants

el botón

botó

los anteojos

ulleres

la pulsera

braçalet

el collar

collaret

el anillo

anell

el aro

orellera

la gorra

casquet

la percha

penjador

el sombrero

capell

la corbata

corbata

el cierre

cremallera

el casco

casc

los tiradores

elàstics

el uniforme escolar

uniforme escolar

el uniforme

uniforme

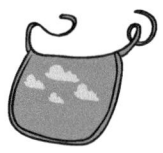

el babero

pitet

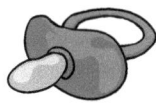

el chupete

xumet

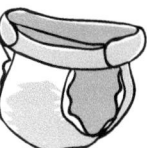

el pañal

bolquer

la oficina
oficina

el servidor
servidor
el archivero
armari arxivador
la impresora
impressora
el papel
paper
el monitor
monitor
el mouse
ratolí
el escritorio
escriptori
la carpeta
arxivador
el teclado
teclat
el tacho (de basura)
paperera
la computadora
ordinador
la silla
cadira

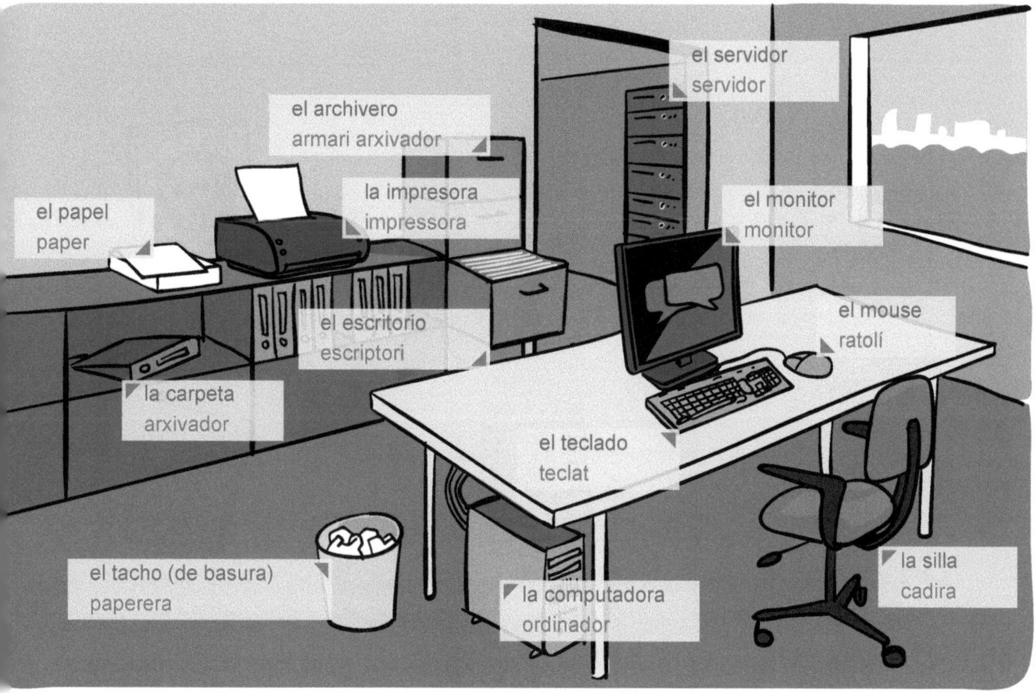

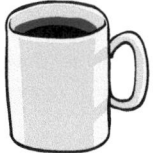

la taza de café

tassa de cafè

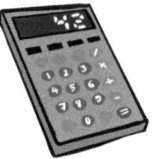

la calculadora

calculadora

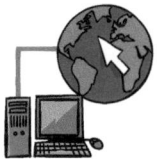

el internet

Internet

la laptop

ordinador portàtil

la carta

lletra

el mensaje

missatge

el celular

mòbil

la red

xarxa

la fotocopiadora

fotocopiadora

el software

programari

el teléfono

telèfon

el tomacorriente

presa de corrent

el fax

fax

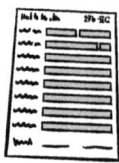

el formulario

formulari

el documento

document

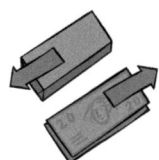

comprar

comprar

pagar

pagar

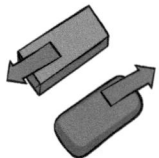

hacer negocios

comerciar

el dinero

diners

el dólar

dòlar

el euro

euro

el yen

ien

el rublo

ruble

el franco suizo

franc suís

el yuan

renminbi

la rupia

rupia

el cajero automático

caixa automàtica

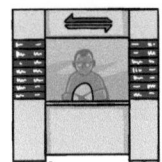

la casa de cambio

oficina de canvi

el oro

or

la plata

argent

el petróleo

petroli

la energía

energia

el precio

preu

el contrato

contracte

el impuesto

impost

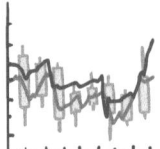

la acción

acció

trabajar

treballar

el empleado

treballador

el empleador

empresari

la fábrica

fàbrica

el negocio

botiga

las ocupaciones
oficis

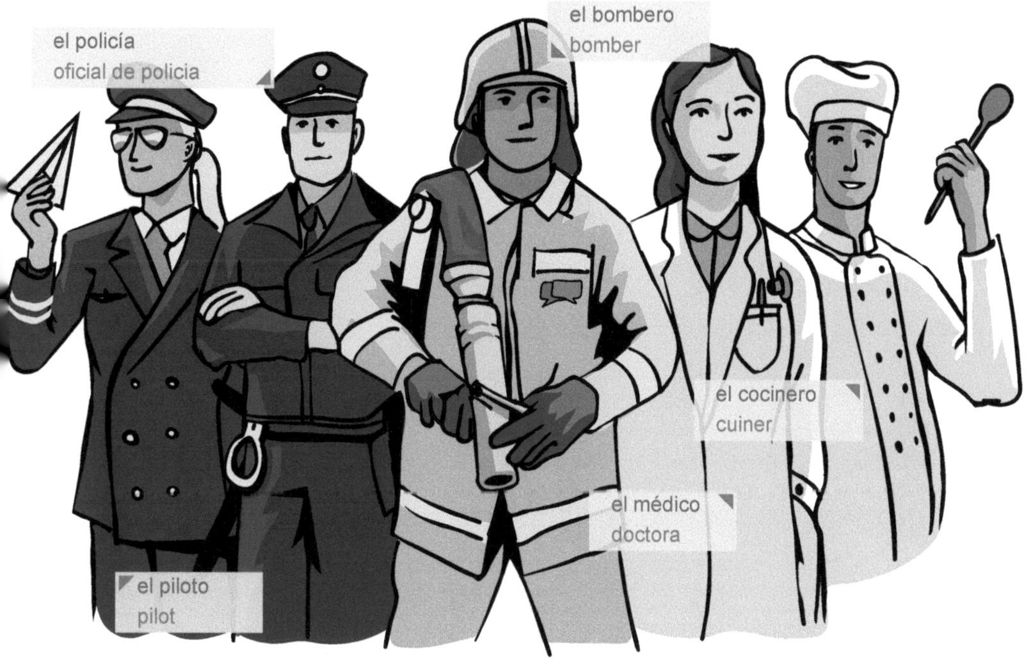
el policía
oficial de policia
el bombero
bomber
el cocinero
cuiner
el médico
doctora
el piloto
pilot

el jardinero

jardiner

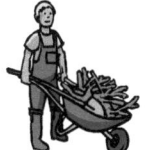

el carpintero

fuster

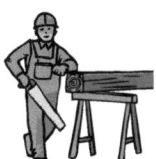

la modista

costurera

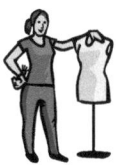

el juez

jutge

el farmacéutico

química

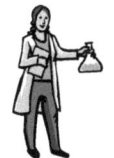

el actor

actor

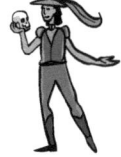

el colectivero

conductor d'autobús

el taxista

taxista

el pescador

pescador

la mucama

dona de la neteja

el techista

ensostrador

el mozo

cambrer

el cazador

caçador

el pintor

pintor

el panadero

forner

el electricista

electricista

el albañil

obrer de la construcció

el ingeniero

enginyer

el carnicero

carnisser

el plomero

llanterner

el cartero

correu

el soldado

soldat

el arquitecto

arquitecte

el cajero

caixera

el florista

florista

el peluquero

perruquer

el cobrador

revisor

el mecánico

mecànic

el capitán

capità

el dentista

dentista

el científico

científic

el rabino

rabí

el imán

imam

el monje

monjo

el sacerdote

capellà

las herramientas

eines

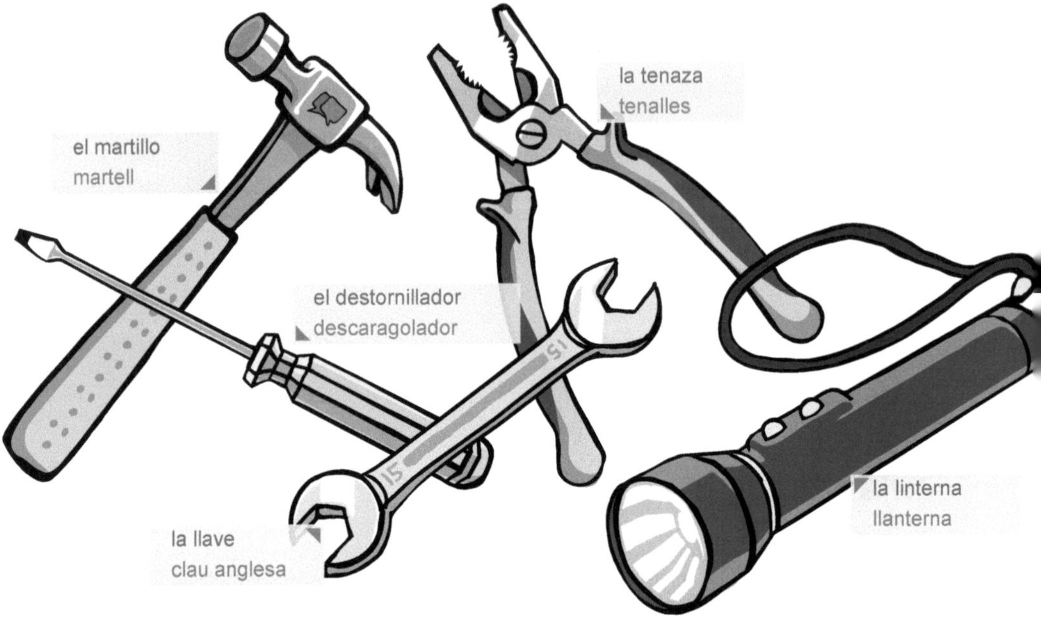

el martillo
martell
la tenaza
tenalles
el destornillador
descaragolador
la linterna
llanterna
la llave
clau anglesa

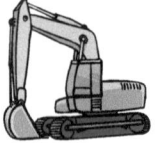

la excavadora

excavadora

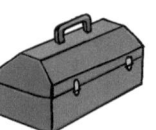

la caja de herramientas

caixa d'eines

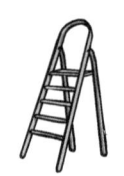

la escalera portátil

escala

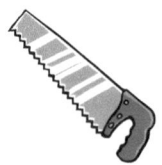

la sierra

serra

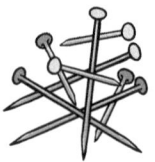

los clavos

claus

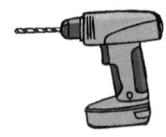

el taladro

trepant

arreglar
reparar

la pala de jardín
pala

¡Qué bronca!
Maleït siga!

la pala de plástico
pala

el tacho de pintura
pot de pintura

los tornillos
caragols

los instrumentos musicales
instrument de música

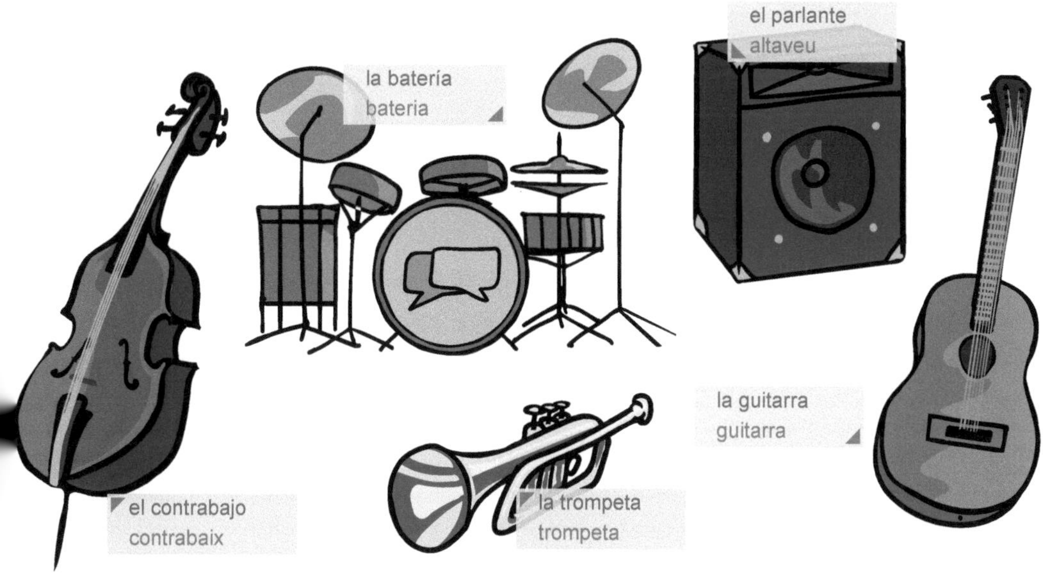

el parlante
altaveu

la batería
bateria

la guitarra
guitarra

el contrabajo
contrabaix

la trompeta
trompeta

el piano

piano

el violín

violí

el bajo

baix

los timbales

timbal

el tambor

tambor

el teclado

teclat

el saxofón

saxofon

la flauta

flauta

el micrófono

micròfon

el zoológico

zoo

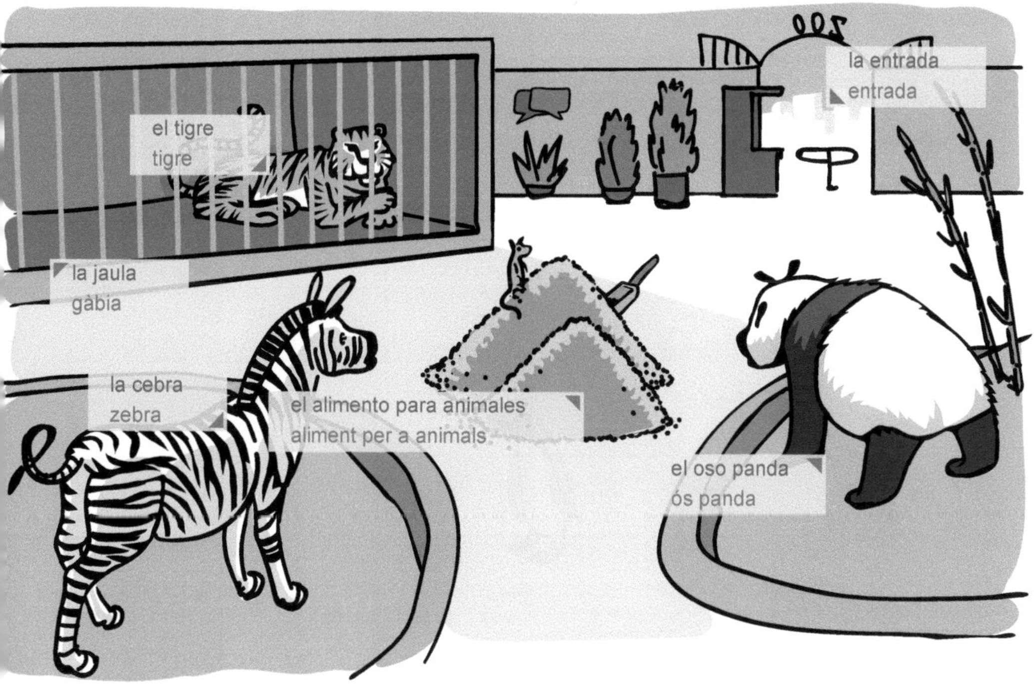

la entrada
entrada
el tigre
tigre
la jaula
gàbia
la cebra
zebra
el alimento para animales
aliment per a animals
el oso panda
ós panda

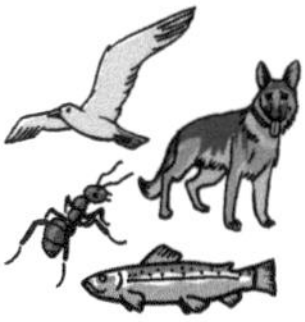

los animales

animals

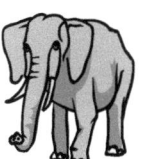

el elefante

elefant

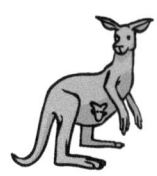

el canguro

cangurú

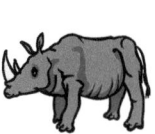

el rinoceronte

rinoceront

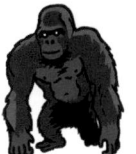

el gorila

goril·la

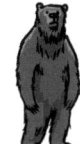

el oso

ós

el camello

camell

el avestruz

estruç

el león

lleó

el mono

simi

el flamenco

flamenc

el loro

papagai

el oso polar

ós polar

el pingüino

pingüí

el tiburón

ca mari

el pavo real

paó

la serpiente

serp

el cocodrilo

cocodril

el cuidador del zoológico

guardià del zoo

la foca

foca

el jaguar

jaguar

el poni

poni

el leopardo

lleopard

el hipopótamo

hipopòtam

la jirafa

girafa

el águila

àliga

el jabalí

senglar

el pescado

peix

la tortuga

tortuga

la morsa

morsa

el zorro

guineu

la gacela

gasela

el fútbol americano
futbol americà

el ciclismo
ciclisme

el tenis
tenis

el básquet
bàsquet

la natación
natació

el boxeo
boxa

el hockey sobre hielo
hoquei sobre gel

el fútbol

futbol americà

el bádminton

bàdminton

el atletismo

atletisme

el handball

handbol

el esquí

esquí

el polo

polo

las actividades
activitats

reír
riure
saltar
saltar
abrazar
abraçar
caminar
anar
cantar
cantar
soñar
somiar
rezar
pregar
besar
fer un petó

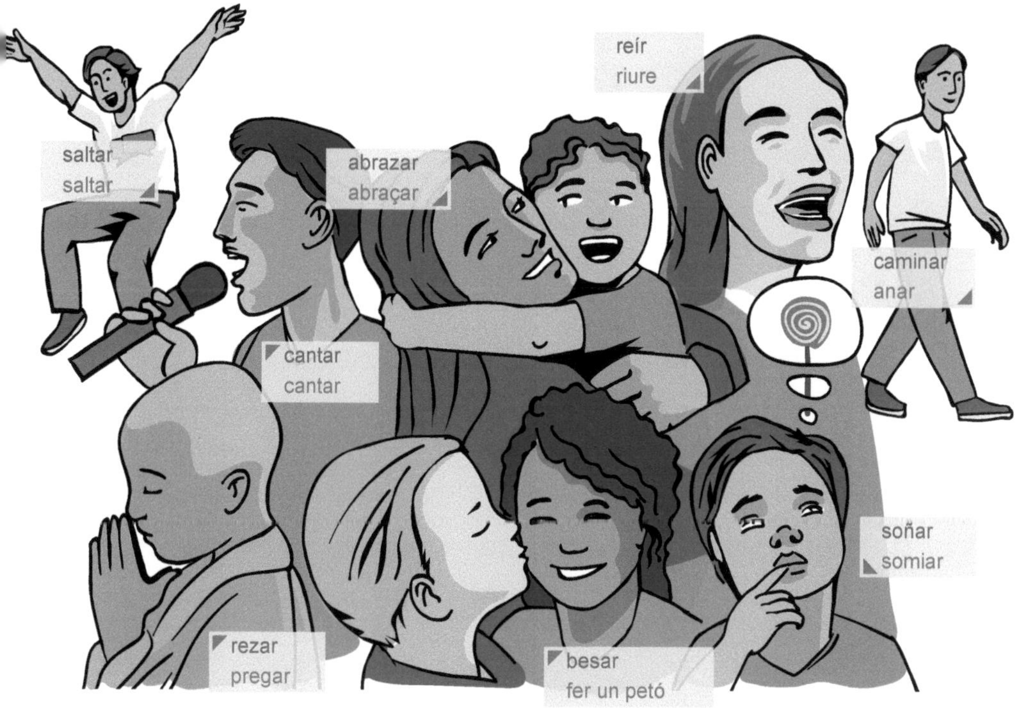

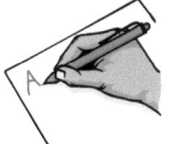

escribir

escriure

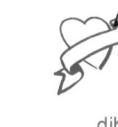

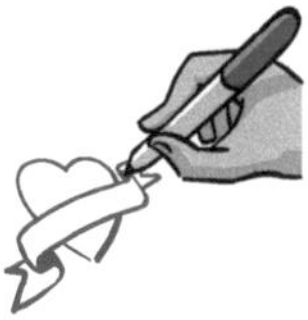

dibujar

dibuixar

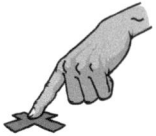

mostrar

mostrar

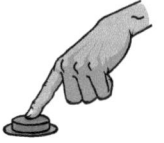

presionar

pitjar

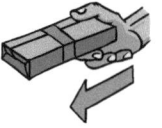

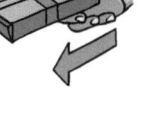

dar

donar

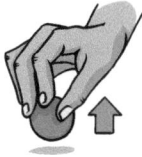

tomar

prendre

tener

tenir

hacer

fer

ser

ésser

estar parado

estar dret

correr

córrer

tirar

estirar

tirar

llançar

caer

caure

estar acostado

jeure

esperar

esperar

llevar

portar

estar sentado

asseure's

vestirse

vestir-se

dormir

dormir

despertar

despertar-se

mirar
mirar

llorar
plorar

acariciar
amoixar

peinar
pentinar

hablar
parlar

entender
comprendre

preguntar
demanar

escuchar
escoltar

beber
beure

comer
menjar

ordenar
endreçar

amar
estimar

cocinar
cuinar

manejar
conduir

volar
volar

navegar

navegar

calcular

calcular

leer

llegir

aprender

aprendre

trabajar

treballar

casarse

casar-se

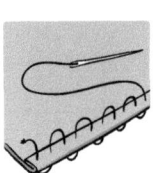

coser

cosir

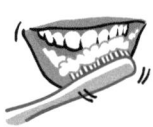

cepillarse los dientes

raspallar-se les dents

matar

matar

fumar

fumar

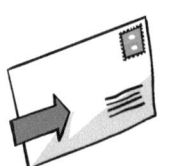

enviar

enviar

la familia

família

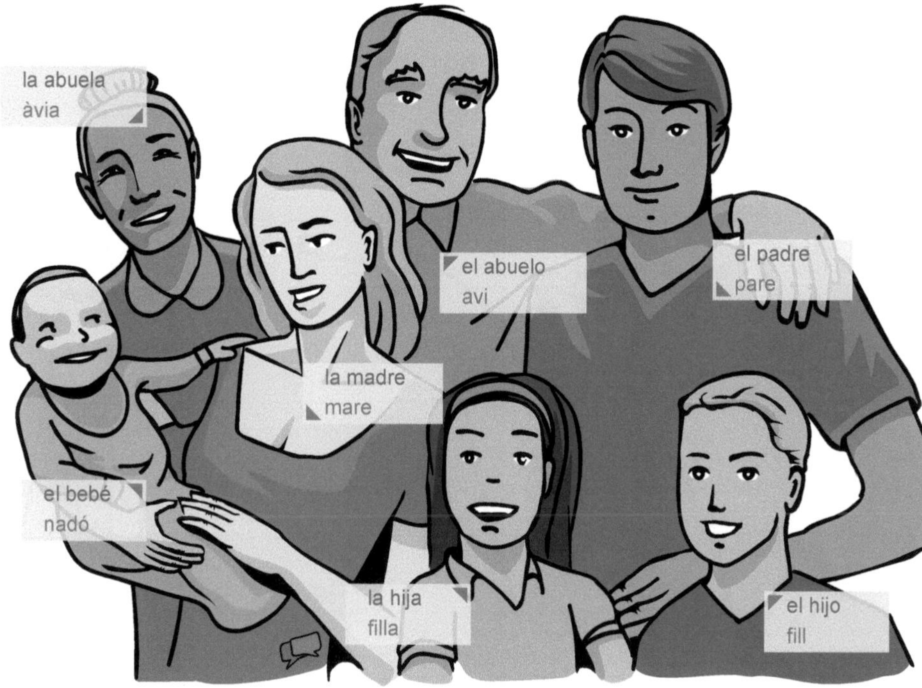

la abuela
àvia
el abuelo
avi
el padre
pare
la madre
mare
el bebé
nadó
la hija
filla
el hijo
fill

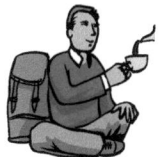

el invitado

convidat

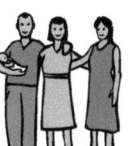

la tía

tia

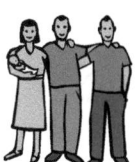

el tío

oncle

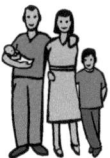

el hermano

germà

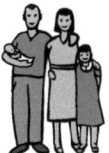

la hermana

germana

el cuerpo

cos

la frente
front
el ojo
ull
el hombro
espatlla
el dedo
dit
la cara
cara
la pera
barbeta
la mano
mà
la pierna
cama
el pecho
pit
el brazo
braç

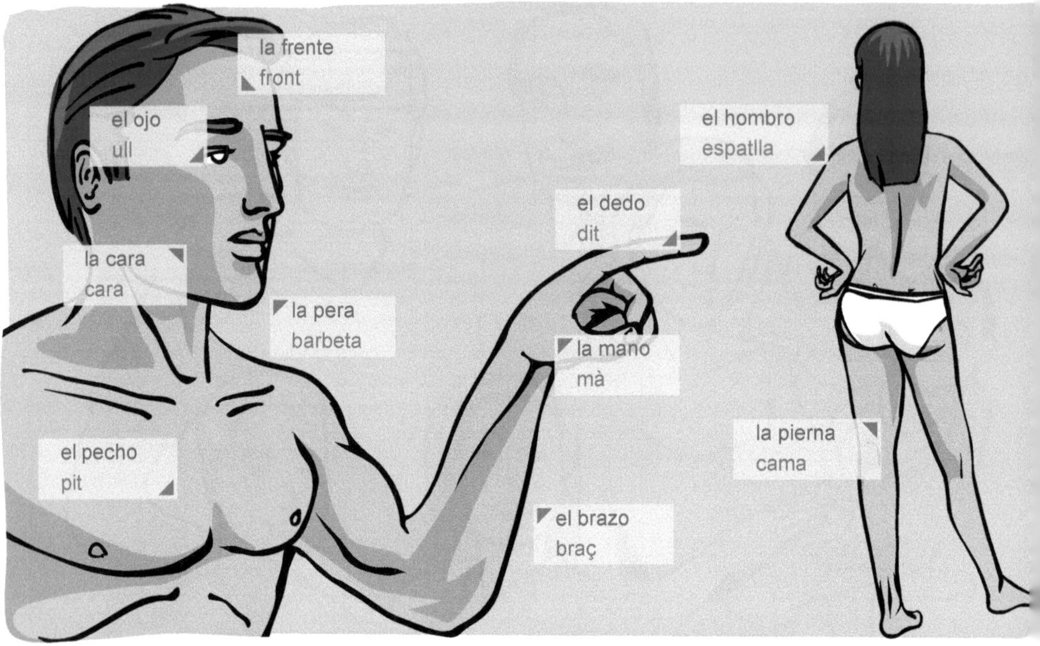

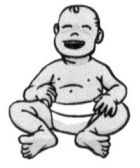

el bebé

nadó

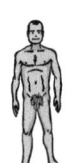

el hombre

home

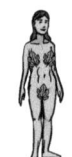

la mujer

dona

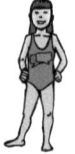

la nena

noia

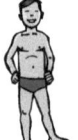

el nene

noi

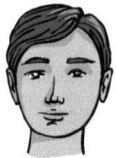

la cabeza

cap

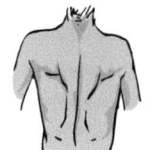

la espalda

esquena

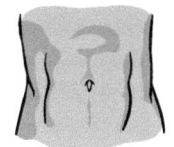

la panza

panxa

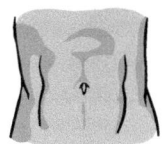

el ombligo

melic

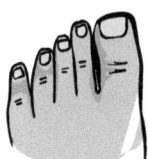

el dedo del pie

dit gros del peu

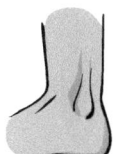

el talón

taló

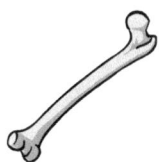

el hueso

os

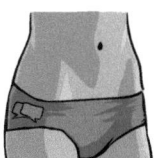

la cadera

maluc

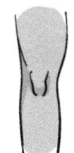

la rodilla

genoll

el codo

colze

la nariz

nas

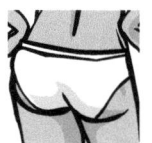

la cola

cul

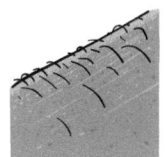

la piel

pell

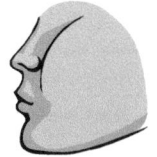

el cachete

galta

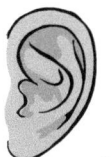

la oreja

orella

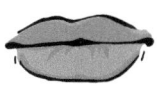

el labio

llavi

la boca

boca

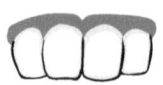

el diente

dent

la lengua

llengua

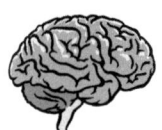

el cerebro

cervell

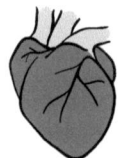

el corazón

cor

el músculo

múscul

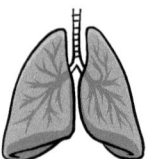

el pulmón

pulmó

el hígado

fetge

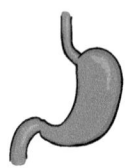

el estómago

estómac

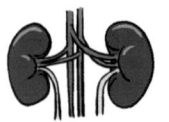

los riñones

ronyó

el sexo

relació sexual

el preservativo

preservatiu

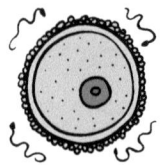

el óvulo

ovari

el semen

semen

el embarazo

prenyat

el cuerpo - cos

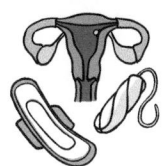

la menstruación

menstruació

la vagina

vagina

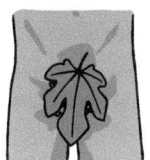

el pene

penis

la ceja

cella

el pelo

cabells

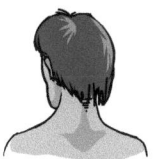

el cuello

coll

el hospital
hospital

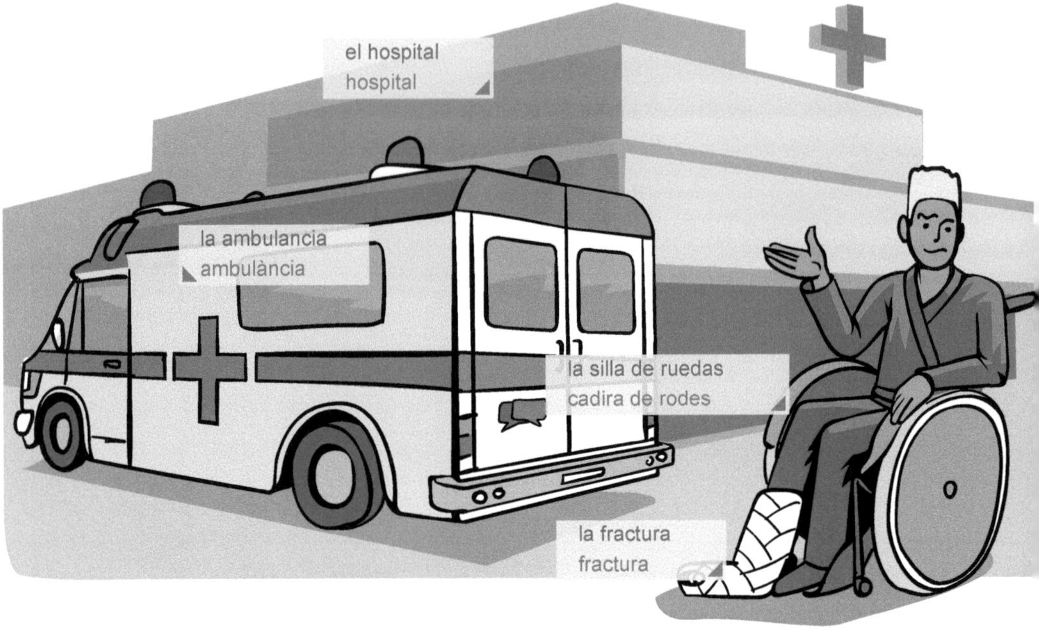

el hospital
hospital
la ambulancia
ambulància
la silla de ruedas
cadira de rodes
la fractura
fractura

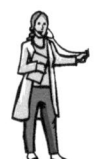

el médico

doctora

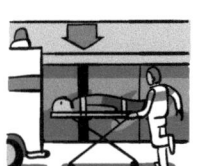

la sala de guardia

sala d'urgències

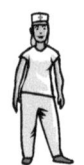

la enfermera

infermera

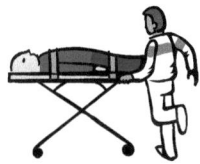

la emergencia

urgència

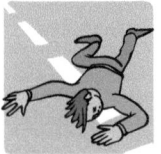

inconsciente

inconscient

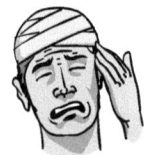

el dolor

dolor

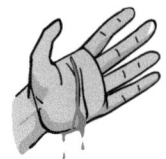

la lesión
......
ferida

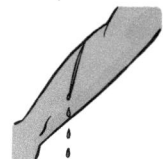

la hemorragia
......
sagnament

el infarto
......
atac de cor

el ACV
......
apoplexia

la alergia
......
al·lèrgia

la tos
......
tos

la fiebre
......
febre

la gripe
......
gripa

la diarrea
......
diarrea

el dolor de cabeza
......
mal de cap

el cáncer
......
càncer

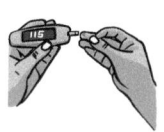

la diabetes
......
diabetis

el cirujano
......
cirurgià

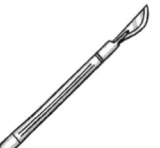

el bisturí
......
escalpel

la operación
......
operació

la TC

tomografia computada (TC), TAC

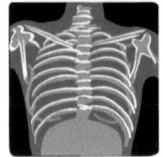

los rayos x

raigs x

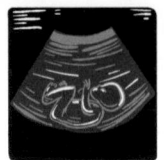

la ecografía

ultrasò

el barbijo

mascareta

la enfermedad

malaltia

la sala de espera

sala d'espera

la muleta

crossa

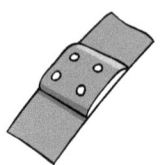

la curita

tireta

la venda

embenat

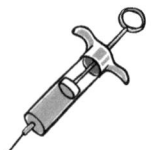

la inyección

injecció

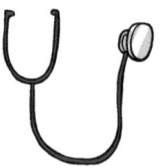

el estetoscopio

estetoscopi

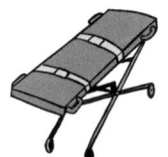

la camilla

llitera

el termómetro

termòmetre clínic

el nacimiento

pariment

el sobrepeso

sobrepès

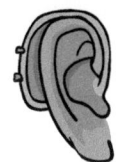

el audífono

aparell auditiu

el desinfectante

desinfectant

la infección

infecció

el virus

virus

el VIH / SIDA

VIH / SIDA

el remedio

medicina

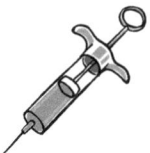

la vacunación

vaccí

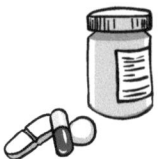

los comprimidos

comprimits

la pastilla anticonceptiva

píl·lola

la llamada de emergencia

trucada d'urgència

el tensiómetro

tensiòmetre

enfermo / sano

malalt / sà

¡Ayuda!

Socors!

la alarma

alarma

la agresión

assalt

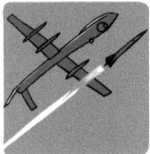

el ataque

atac

el peligro

perill

la salida de emergencia

sortida-eixida d'urgència

¡Fuego!

Foc!

el matafuego

extintor

el accidente

accident

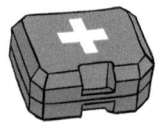

el botiquín de primeros
auxilios

farmaciola de primers
auxilis

el SOS

SOS

la policía

policia

Europa

Europa

América del Norte

Amèrica del Nord

América del Sur

Amèrica del Sud

África

Àfrica

Asia

Àsia

Australia

Austràlia

el Atlántico

Atlàntic

el Pacífico

Pacífic

el Océano Índico

Oceà Índic

el Océano Antártico

Oceà Antàrtic

el Océano Ártico

Oceà Àrtic

el polo norte

pol nord

el polo sur

pol sud

la Antártida

Antàrtida

la Tierra

terra

la tierra

país

el mar

mar

la isla

illa

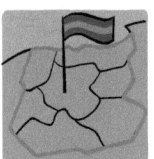

la nación

nació

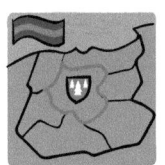

el estado

estat

la esfera

quadrant

la manecilla de las horas

agulla de les hores

el minutero

agulla dels minuts

el segundero

agulla dels segons

¿Qué hora es?

Quina hora és?

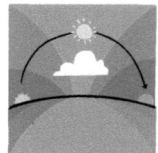

el día

dia

la hora

temps

ahora

ara

el reloj digital

rellotge digital

el minuto

minut

la hora

hora

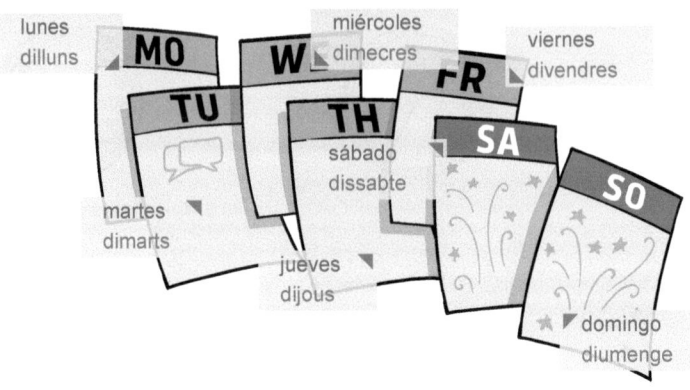

lunes
dilluns

miércoles
dimecres

viernes
divendres

martes
dimarts

sábado
dissabte

jueves
dijous

domingo
diumenge

ayer

ahir

hoy

avui

mañana

demà

la mañana

matí

el mediodía

migdia

la tarde

tarda

MO	TU	WE	TH	FR	SA	SU
1	2	3	4	5	6	7
8	9	10	11	12	13	14
15	16	17	18	19	20	21
22	23	24	25	26	27	28
29	30	31	1	2	3	4

los días hábiles

dia feiner

MO	TU	WE	TH	FR	SA	SU
1	2	3	4	5	6	7
8	9	10	11	12	13	14
15	16	17	18	19	20	21
22	23	24	25	26	27	28
29	30	31	1	2	3	4

el fin de semana

cap de setmana

el año

any

la lluvia
pluja
el arco iris
arc de Sant Martí
la nieve
neu
el viento
vent
la primavera
primavera
el otoño
tardor
el verano
estiu
el invierno
hivern

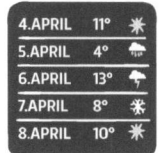

4.APRIL 11°
5.APRIL 4°
6.APRIL 13°
7.APRIL 8°
8.APRIL 10°

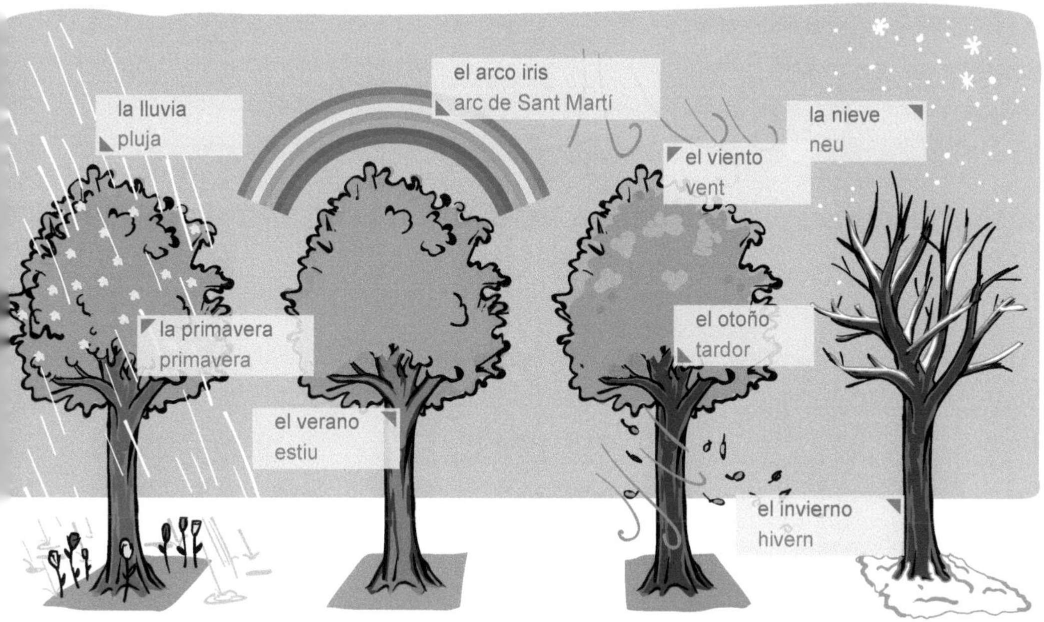

el pronóstico meteorológico

pronòstic del temps

F C
120 40
90 30
60 20
30 10
0 0
-30 -10
-20

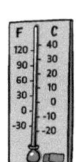

el termómetro

termòmetre

la luz del sol

llum del sol

la nube

núvol

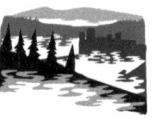

la niebla

boira

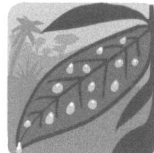

la humedad

humiditat de l'aire

el rayo

llamp

el trueno

tro

la tormenta

tempesta

el granizo

calamarsa

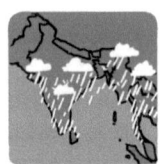

el monzón

monsó

la inundación

inundació

el hielo

gel

enero

gener

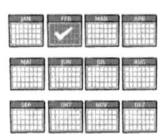

febrero

febrer

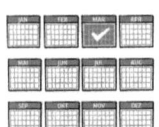

marzo

març

abril

abril

mayo

maig

junio

juny

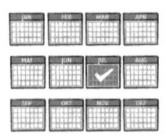

julio

juliol

agosto

agost

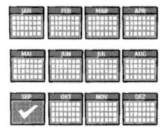

septiembre

setembre

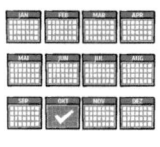

octubre

octubre

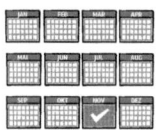

noviembre

novembre

diciembre

desembre

las formas

formes

el círculo

cercle

el cuadrado

quadrat

el rectángulo

rectangle

el triángulo

triangle

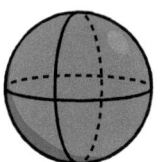

la esfera

esfera

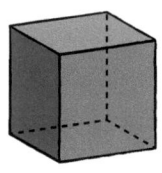

el cubo

cub

colores

colors

blanco

blanc

amarillo

groc

naranja

taronja

rosa

rosa

rojo

vermell

violeta

lila

azul

blau

verde

verd

marrón

marró

gris

gris

negro

negre

mucho / poco

molt / poc

enojado / tranquilo

emprenyat / tranquil

lindo / feo

bonic / lleig

el principio / el fin

començament / fi

grande / chico

gran / petit

claro / oscuro

clar / fosc

el hermano / la hermana

germà / germana

limpio / sucio

net / brut

completo / incompleto

complet / incomplet

el día / la noche

dia / nit

muerto / vivo

mort / viu

ancho / angosto

ample / estret

comestible / no comestible

comestible / immenjable

malo / amable

dolent / amable

entusiasmado / aburrido

entusiasmat / entediat

gordo / flaco

gros / prim

primero / último

primer / darrer

el amigo / el enemigo

amic / enemic

lleno / vacío

ple / buit

duro / blando

dur / tou

pesado / liviano

pesant / lleuger

el hambre / la sed

gana / set

enfermo / sano

malalt / sà

ilegal / legal

il·legal / legal

inteligente / estúpido

intel·ligent / ximple

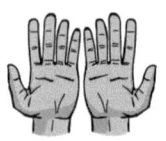

izquierda / derecha

esquerra / dreta

cerca / lejos

prop / llunyà

nuevo / usado
nou / usat

nada / algo
res / quelcom

viejo / joven
vell / jove

encendido / apagado
encès / apagat

abierto / cerrado
obert / tancat

silencioso / ruidoso
silenciós / sorollós

rico / pobre
ric / pobre

correcto / incorrecto
correcte / incorrecte

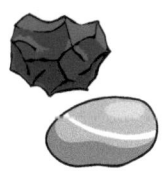

áspero / suave
aspre / suau

triste / contento
trist / content

corto / largo
curt / llarg

lento / rápido
lent / ràpid

mojado / seco
humit / sec - eixut

caliente / frío
calent / fred

guerra / paz
guerra / pau

nombres

0

cero

zero

1

uno

u

2

dos

dos

3

tres

tres

4

cuatro

quatre

5

cinco

cinc

6

seis

sis

7

siete

set

8

ocho

vuit

9

nueve

nou

10

diez

deu

11

once

onze

12

doce
dotze

13

trece
tretze

14

catorce
catorze

15

quince
quinze

16

dieciséis
setze

17

diecisiete
disset

18

dieciocho
divuit

19

diecinueve
dinou

20

veinte
vint

100

cien
cent

1.000

mil
mil

1.000.000

el millón
milió

el inglés

anglès

el inglés americano

anglès americà

el chino mandarín

xinès mandarí

el hindi

hindi

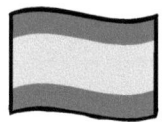

el español

espanyol

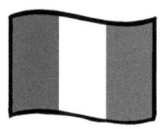

el francés

francès

el árabe

àrab

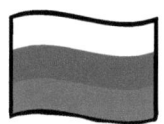

el ruso

rus

el portugués

portuguès

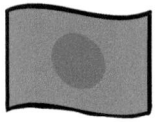

el bengalí

bengalí

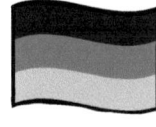

el alemán

alemany

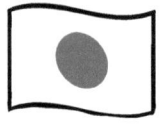

el japonés

japonès

yo

jo

vos

tu

él / ella

ell / ella / allò

nosotros

nosaltres

ustedes

vosaltres

ellos

ells

¿quién?

qui?

¿qué?

què?

¿cómo?

com?

¿dónde?

on?

¿cuándo?

quan?

el nombre

nom

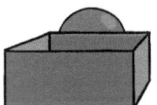

detrás

darrere

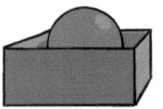

en

en

adelante de

davant de

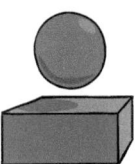

por encima de

damunt

sobre

sobre

debajo de

sota

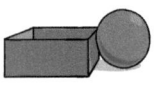

al lado de

al costat

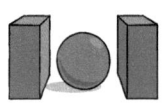

entre

entre

el lugar

lloc